LE JEU DE QUADRILLE,

AVEC

LE MEDIATEUR,

Et la Couleur favorite ;

Nouvelle Edition augmentée

DU ME'DIATEUR SOLITAIRE à quatre & à trois, & de plusieurs nouvelles décisions.

A PARIS,

Chez THEODORE LEGRAS ; Grand'Salle du Palais, à l'L couronnée.

M. DCC. XXXIX.

Avec Privilége du Roi.

TABLE DES CHAPITRES.

TABLE.

L'Approbation & le Privilege se trouvent dans l'Academie universelle des Jeux.

LE JEU

LE JEU DE QUADRILLE, AVEC LE MEDIATEUR ET LA COULEUR FAVORITE.

CHAPITRE PREMIER,

Qui donne une idée du Jeu de Quadrille, & explique la valeur des Cartes.

IL est surprenant que depuis quelques années que l'on jouë le Quadrille, personne ne se soit donné la peine d'en recueillir les Regles : il me paroît cependant necessaire de le faire, pour deux raisons. La premiere, parce que le Quadrille a plusieurs Regles qui lui sont particulieres, outre celles de l'Hombre dont il est composé. La seconde, parce que plusieurs personnes jouënt ce Jeu, sans avoir (pour ainsi dire) aucune connoissance de celui de l'Hombre.

C'est ce qui a engagé à faire ce Recuëil des regles tirées de celles de l'Hombre, ou établies par l'usage dans les Compagnies où l'on jouë ce Jeu, qui serviront à mettre fin aux disputes qui arrivent tous les jours, y ayant quelque chose de particulier attaché à presque chaque maison où ce Jeu se jouë.

Le Quadrille n'est, à proprement parler, que l'Hombre à quatre, qui n'a pas à la vérité, la beauté, ni ne demande pas une si grande attention que l'Hombre à trois; mais aussi faut-il convenir qu'il est plus amusant, & plus récréatif; soit parce qu'il n'y a point de coup où il ne se jouë, soit que cela provienne du génie de notre Nation, qui ne prête pas volontiers toute son application à un Jeu, particulierement le beau Sexe, qui a reçû avec plaisir cet Hombre mitigé, & qui en fait son plus agréable amusement, le préferant à tout autre jeu. Ce Jeu perd beaucoup de ſon agrément, ſi les Joueurs ne ſe font une loi religieuſement obſervée du ſilence; cette loi s'étend même ſur les Spectateurs, qui doivent avoir la diſcrétion de ne point parler, puiſqu'un mot dit mal-à-propos peut être d'un préjudice conſidérable, & que ce Jeu demande une grande tranquillité.

Comme ces regles ſont moins écrites pour ceux qui ſçavent déja le Jeu, que pour ceux qui n'en ont aucune teinture, on leur donnera en deux mots la connoiſſance des Cartes; ce qui leur ſera d'une grande avance pour entendre ce Jeu, & leur épargnera la peine d'avoir recours au Jeu de l'Hombre; bien des gens ſe contentant de ſçavoir celui-ci, on tâchera de le faire auſſi clairement, & auſſi ſuccinctement qu'il ſera poſſible.

Une preuve convaincante de ce qui eſt dit ci-deſſus, c'eſt la maniere de jouer le Quadrille à trois, que quelques perſonnes jouent lorſqu'ils n'ont pas de quatriéme, en ôtant une couleur rouge, mais ce n'eſt pas ici le lieu de s'étendre davantage ſur ce Jeu, qui ne peut, tout au plus, être goûté que des apprentifs au Quadrille, auſquels il peut ſervir d'introduction : nous en parlerons cependant plus au long à la fin de ce Traité, de même que de la maniere dont on joüe le Quadrille qu'on appelle *le Roi rendu*, qui pourra trouver des Partiſans, & *le Quintille*, qui ſuivant preſqu'en tout les loix du Quadrille, ne doit point être omis dans ce Traité.

Il eſt à propos en commençant, de donner à connoître la valeur des Cartes, ſoit qu'elles ſoient triomphes, ou qu'elles ne le ſoient pas ; c'eſt ce que l'on fera dans ce premier Chapitre. Dans le ſecond, l'on expliquera la maniere ordinaire de le jouer, & l'ordre qu'on doit obſerver en le jouant. On donnera dans le troiſiéme, la maniere de marquer & payer le Jeu : & dans le quatriéme, quelques exemples des Jeux qui peuvent être joués en appellant un Roi, ou ſans appeller ; avec des remarques ſur la maniere dont il faut jouer. L'on trouvera enſuite une Table des loix du Jeu, tirées de celles de l'Hombre, ou établies par l'uſage, & une explication des termes dont on ſe ſera ſervi, & qui ſont propres au Jeu. Enfin l'on verra les déciſions nouvelles ſur les coups embarraſſans arrivés depuis que l'on joüe ce Jeu, d'où l'on a puiſé les loix qui regardent ces mêmes coups.

De la valeur des Cartes.

C'Eſt ſans doute ce qui embarraſſe d'abord le plus une perſonne qui ne connoît point ce Jeu ; il ne peut concevoir par quelle raiſon le ſept de cœur ou de carreau, le deux de pique ou de trefle, ſont tantôt les ſecondes cartes du Jeu, & tantôt les dernieres ; c'eſt ce qu'il ſera aiſé d'apprendre, en liſant avec un peu d'attention les Tables ſuivantes, dans l'une deſquelles les cartes ſont miſes ſelon leur valeur naturelle, & dans l'autre, ce qu'elles valent lorſqu'elles ſont triomphes.

TABLE PREMIERE,

Où les Cartes sont selon leur valeur naturelle.

COEUR ET CARREAU.	PIQUE ET TREFLE.
LE ROY,	LE ROY,
LA DAME,	LA DAME,
LE VALET,	LE VALET,
L'AS,	LE SEPT,
LE DEUX,	LE SIX,
LE TROIS,	LE CINQ,
LE QUATRE,	LE QUATRE,
LE CINQ,	LE TROIS,
LE SIX,	LE DEUX.
LE SEPT.	

Vous voyez par la Table ci-devant, qu'il n'eſt point fait mention de l'As de pique ni de l'As de trefle; la raiſon en eſt, que ces deux As ſont toûjours triomphes, en quelle couleur que ce ſoit,

L'As de pique s'appelle *Eſpadille*, & eſt toûjours la premiere triomphe,

L'As de trefle, appellé *Baſte*, eſt toûjours la troiſiéme.

C'eſt ce que vous verrez dans la Table qui ſuit, où les Cartes ſont rangées ſelon leur valeur, lorſqu'elles ſont triomphes.

SECONDE TABLE,

Dans laquelle les Cartes sont selon leur valeur lorsqu'elles sont triomphes.

COEUR & CARREAU.	PIQUE & TREFLE.
ESPADILLE, *L'As de Pique.*	ESPADILLE, *L'As de Pique.*
MANILLE, *Le sept de Cœur ou de Carreau.*	MANILLE, *Le deux de Pique ou de Trefle.*
BASTE, *L'As de Trefle.*	BASTE, *L'As de Trefle.*
PONTE, *L'As de Cœur ou de Carreau.*	ROY,
ROY,	DAME,
DAME,	VALET,
VALET,	SEPT,
DEUX,	SIX,
TROIS,	CINQ,
QUATRE,	QUATRE,
CINQ,	TROIS.
SIX.	

Voilà de la maniere que ſont rangées les Cartes, lorſqu'elles ſont triomphes.

Vous voyez qu'il n'y a que onze triomphes en noir, & qu'il y en a douze en rouge ; vous concevez d'abord que cette difference provient de ce que l'As de Pique & l'As de Trefle, qui ſont toûjours triomphes, ſont également employés en rouge & en noir : ce qui augmente la couleur rouge d'une triomphe.

L'As de Pique, ou Eſpadille, comme nous l'avons déja dit, eſt la premiere triomphe du Jeu, en quelque couleur que ce ſoit.

L'As de Trefle, dit le Baſte, en eſt toûjours la troiſiéme.

Il y a par conſequent une triomphe entre les deux : cette triomphe eſt appellée *Manille*, elle eſt en noir le deux de pique ou de trefle, & en rouge le ſept de cœur ou de carreau, qui ſont les ſecondes cartes du Jeu, lorſque la triomphe eſt de leur couleur ; & les dernieres, lorſqu'elle ne l'eſt pas : par exemple, le deux de pique ſeroit la ſeconde triomphe, ſi la triomphe étoit en pique ; & la derniere carte du Jeu, ſi elle étoit en trefle, cœur ou carreau : il en eſt de même des autres Manilles.

Le Ponte, c'eſt l'As de cœur ou l'As de carreau, qui ſont au-deſſus du Roi, & la quatriéme triomphe du Jeu, lorſque la triomphe eſt de leur couleur, & qui ſont au deſſous du Valet, & s'appellent l'As de cœur ou de carreau, lorſqu'elle ne l'eſt pas. Voyez les Tables ci-deſſus.

Le deux de cœur & de carreau ſont toûjours ſuperieurs aux trois, les trois aux quatre, les quatre aux cinq, les cinq aux ſix : mais les ſix ne ſont ſuperieurs aux ſept, que lorſque les ſept ne ſont pas triomphes ; car s'ils étoient triomphes, ils deviendroient la Manille, & ſeroient par conſequent la ſeconde carte du Jeu.

Il y a trois *Matadors*, qui ſont Eſpadille, Manille & Baſte.

Le privilege des Matadors eſt, qu'étant ſeuls de triomphes dans un Jeu, enſemble ou ſéparément, quoique l'on jouë *à-tout*, celui qui a quelqu'un de ces Matadors, n'eſt pas obligé de le fournir ; ſi le Matador qu'il a eſt ſeul de triomphe, pouvant jouer la carte que bon lui ſemble. Ce privilege n'a cependant lieu que lorſqu'il eſt fait *à-*

tout d'une triomphe inférieure, auquel cas celui qui a Baſte ou Manille, n'eſt pas obligé de les mettre, quand même Eſpadille auroit été joué ſur cette premiere triomphe inférieure.

Mais ſi Eſpadille étoit la premiere carte jouée, celui qui auroit la Manille ou le Baſte ſeul de triomphe, ſeroit obligé de le fournir; il en eſt de même du Baſte, à l'égard de la Manille, le Matador ſuperieur forçant toûjours l'inferieur. Quoiqu'il n'y ait proprement que trois Matadors, on ne laiſſe pas d'appeller Matadors toutes les triomphes qui ſuivent ſans interruption ces trois premiers Matadors, lorſqu'elles leur ſont jointes; mais il n'y a que les trois premiers qui joüiſſent du privilege ci-devant expliqué.

Voyez, pour ſçavoir le nombre des Matadors, à la Table ſeconde, la ſuite des cartes, lorſqu'elles ſont triomphes.

Voilà qui eſt ſuffiſant pour connoître la valeur des cartes; voyons maintenant la maniere & l'ordre qu'il convient d'obſerver pour jouer.

CHAPITRE SECOND.

Commment il faut joüer le Quadrille, avec l'ordre qu'on doit observer en le joüant, soit pour tirer les places, donner les cartes, les prises ou enjeux : la maniere de parler, de joüer en appellant, de joüer sans appeller, de la Bête, de la Vole, &c.

LE nom de Quadrille que porte ce Jeu, fait sentir que c'est un Jeu qui doit être joué à quatre personnes. Le nombre des cartes avec lesquelles on jouë au Quadrille, est de quarante, qui sont les restantes d'un Jeu entier, après en avoir tiré les quatre dix, les quatre neuf, & les quatre huit, qui n'y sont point employés.

Il n'est pas hors de propos, avant d'entrer en matiere, d'expliquer la maniere dont la triomphe se fait.

La triomphe est déterminée par celui qui fait jouer, soit qu'il appelle un Roi, ou qu'il jouë sans appeller, en nommant pique, trefle, cœur ou carreau : La couleur nommée devient la triomphe ; & vous remarquerez en passant, que si celui qui nomme se trompoit de couleur, c'est-à-dire, qu'il dît pique au lieu de trefle, la triomphe seroit pique, quoique son Jeu fût en en trefle, de même s'il nommoit deux couleurs, la premiere nommée seroit la triomphe, les méprises étant sévérement punies à ce Jeu.

Il est bon encore de dire que ce Jeu, qui est fort divertissant, devient insipide d'abord qu'on parle sur le Jeu : l'on ne doit donc point, pour y avoir du plaisir, dire le moindre mot qui puisse interesser le Jeu, chacun devant jouer à sa fantaisie, & comme il juge convenable à son Jeu.

Il ne se demande point *gano*, ni l'on ne peut pas faire appuyer ; celui qui est à jouer, doit sçavoir ce qu'il a à faire.

C'est ici le lieu de citer la loi établie, que pour éviter les ceremonies qui se faisoient pour *tirer les places*, il est generalement reçû que celui qui est entré le dernier tire le premier, & ainsi des autres.

Les prises ou *enjeux* sont de vingt ou

trente fiches, comme il plaît aux Joueurs, cela n'importe en rien au Jeu, & la fiche vaut si peu & si haut que l'on veut, cela dépendant absolument des Joueurs, qui doivent mesurer leur Jeu à ce qu'ils ont dessein de perdre ou gagner.

Après que l'on a tiré les places, vû à qui à mêler, convenu de la valeur du Jeu, reglé les tours qui se jouent ordinairement au nombre de dix, & qui se marquent en écornant une carte, celui qui doit mêler ayant fait couper à sa gauche, *donne à chacun dix cartes*, par deux fois trois & une fois quatre; n'importe qu'il commence par en donner quatre, ou qu'il les donne au coup suivant, cela étant libre à celui qui mêle; mais il ne sçauroit donner par une ou deux, comme certains Joueurs l'ont prétendu mal-à-propos.

S'il se trouvoit plus ou moins de cartes, le coup seroit nul, & il faudroit refaire, de même que s'il y avoit deux cartes de même espece; par exemple, deux six de cœur, & ainsi des autres, pourvû que l'on s'en apperçût avant que le coup fût achevé de jouer; car si toutes les cartes étoient jouées, & qu'on eût payé ou coupé pour le coup ſuivant, le coup ſeroit bon, de même que les précedens.

Il faudroit auſſi refaire, s'il y avoit une carte tournée quelle qu'elle pût être en donnant les cartes, cette carte pouvant porter préjudice à celui qui l'auroit, n'y ayant point d'écart à faire ; à plus forte raiſon s'il y en avoit pluſieurs.

Il n'y a point de peine pour ceux qui donnent mal, ils doivent ſeulement refaire.

Après que chacun a reçû ſes dix cartes, celui qui eſt à la droite de celui qui a mêlé, ayant vû ſon jeu, s'il a jeu à jouer, demande ſi on jouë, ou paſſe s'il n'a pas beau jeu, & ainſi du ſecond, du troiſiéme, & du dernier. Tous les quatre peuvent paſſer ; mais comme il n'eſt point de coup qui ne doive être joué, celui qui a Eſpadille, après l'avoir montré ou accuſé, eſt obligé de jouer en appellant un Roi.

Que le coup ſoit joué de cette maniere, ou que ce ſoit l'un des Joueurs qui ait demandé permiſſion, perſonne ne voulant jouer ſans appeller, après qu'il a nommé ſa couleur, & le Roi qu'il appelle par leur nom propre, le coup commence à être joué par le premier à jouer, celui qui prend la levée rejette une autre carte, & ainsi des autres, jusqu'à ce que le jeu soit gagné ou fini, après quoi l'on compte les levées que chacun a; si l'Hombre, c'est-à-dire, celui qui fait jouer, se trouve six mains en comptant celles que celui qui a le Roi appellé a faites, ils ont gagné, & on leur paye le Jeu, la Consolation & les Matadors, s'ils en ont, & ils partagent ce qui se trouve au-devant du Jeu, & les Bêtes, s'il en va.

Que s'ils ne font que cinq mains, elle est remise, & ils font la Bête de ce qui est au jeu & au-devant, & payent à chacun la Consolation & les Matadors : s'ils en ont par égale part, ils font la Bête de même; & s'ils ne faisoient à tous les deux que quatre mains ou moins; ils perdroient codille; ils payeroient en ce cas à leurs adversaires ce qu'ils leur auroient payé s'ils avoient gagné, c'est-à-dire, le Jeu, la consolation & les Matadors, s'ils en avoient, & feroient la Bête de ce qui seroit au Jeu; ceux qui gagnent *codille* se partagent ce qui est au-devant.

La Bête, & tout ce qui est à payer, se paye par égale part, la moitié par celui qui appelle, la moitié par celui qui est appellé, tant au cas du codille que de remise, à moins que celui qui appelle, ou proprement l'Hombre, ne fît pas trois mains, auquel cas celui qui est appellé n'est pas seulement exempt de payer la moitié de la Bête, mais encore de payer le Jeu, la Consolation & les Matadors, s'il y en a, que l'Hombre, qui ne fait pas trois mains, paye seul; & c'est tant pour le codille que pour la remise, afin d'obliger les Joueurs à ne jouer que des Jeux raisonnables : il y a même des maisons où il faut faire quatre mains, pour ne point faire la Bête seul.

Il est cependant un cas auquel l'Hombre, ne fît-il qu'une main, ne feroit pas la Bête seul; & c'est lorsqu'il a été forcé de jouer ayant Espadille : que tous les Joueurs ayant passé, étant par consequent forcé, il ne seroit pas juste qu'on l'obligeât de faire trois ou quatre mains, ainsi celui qui est appellé est pour la moitié de tout ce qui se paye.

Celui qui jouë avec Espadille doit dire, je passe, avant de nommer; car s'il n'avoit pas passé, quoiqu'il eût mauvais jeu, il suivroit en tout les loix de ceux qui jouent de leur bon gré.

Celui qui a une fois paſſé ne peut plus être reçû à jouer ; & celui qui a demandé à jouer, n'eſt pas le maître de ne pas jouer, à moins que quelqu'un ne veuille jouer ſans appeller.

Celui qui a les quatre Rois peut appeller la Dame d'un de ces Rois, excepté de celui qui eſt triomphe ; celui qui a un ou pluſieurs Rois, peut appeller un des Rois qu'il a, il eſt pour lors obligé de faire ſix mains ſeul ; alors il gagne ou perd ſeul.

L'on ne peut point appeller le Roi de la couleur en laquelle on joüe.

L'on ne peut point demander *gano* à ſon ami ; qui eſt le Roi appellé, ni le faire appuyer.

L'on ne doit jouer qu'à ſon rang, mais l'on ne fait pas la Bête pour cela.

Celui qui n'étant pas premier à jouer, & ayant le Roi appellé, joueroit àtout d'Eſpadille, Manille, ou Baſte, ou même joueroit le Roi appellé pour faire connoître qu'il eſt l'ami, ayant pluſieurs autres Rois qu'il craindroit que l'Hombre lui coupât, ne le connoiſſant pas, ne ſçauroit entreprendre la vole ; il ſeroit même condamné à faire la Bête, ſi l'on connoiſſoit de la mauvaiſe foi dans ſon procedé.

Il n'eſt point permis de montrer ſon Jeu que le coup ne ſoit gagné, pas même ſi l'on avoit déja codille, devant jouer juſqu'à la fin, pour voir ſi l'Hombre ne fera point la Bête ſeul.

Si l'Hombre ou le Roi appellé montroient leur jeu avant d'avoir ſix mains complettes, en comptant avoir gagné, & qu'il pût ſe trouver une maniere d'empécher leurs ſix mains, les perſonnes qui joueront avec eux pourront les contraindre de jouer leurs cartes de telle maniere qu'il leur plaira.

Pour jouer ſans appeller le Roi, il ne faut pour cela que nommer la couleur.

Celui qui jouë ſans appeller, doit faire ſix mains ſeul pour ganer; car toutes les mains que les trois autres joueurs font, ſont réunies contre lui, & ſes adverſaires doivent ſe gagner les uns aux autres, & faire leur poſſible pour le faire perdre.

Celui qui veut jouer ſans appeller, eſt reçû à jouer préferablement à celui qui demande à jouer en appellant; ſi cependant celui qui demande, veut jouer lui-même ſans appeller, il lui eſt permis par préference à celui qui le force; & ce ſont ces deux manieres de jouer ſans appeller, qu'on appelle forcer.

Celui qui jouë ſans appeller ne partageant avec perſonne lorſqu'il gagne, paye auſſi tout ſeul lorſqu'il perd ; s'il perd la remiſe, il fait la Bête, & paye à chacun de ſes trois adverſaires la Conſolation, le Sans-appeller & les Matadors s'il en a ; & s'il perd codille, il fait également la Bête, & paye à chacun tout autant que chacun lui auroit payé s'il avoit gagné : ceux qui gagnent codille ſe partagent ce qui ſe trouve ; & [illegible]'il y a quelques jettons de reſte, i[illegible]a pour celui des trois, qui le coup[illegible]ant aura l'Eſpadille, ou la plus forte triomphe ; il en eſt de même de celui qui ayant demandé à jouer, appelle un Roi qu'il a, il gagne ſeul, ou perd ſeul, comme eſt dit ci-deſſus, à l'exception du Sans-appeller qu'il ne paye point s'il perd, & qui ne lui eſt pas payé s'il gagne, quoiqu'il jouë ſeul.

Celui qui jouë ſans appeller, encore qu'il ait jeu ſûr, eſt obligé de nommer ſa couleur ; ſi ſans la nommer il baiſſoit ſon jeu en diſant, je jouë, ſans appeller, il ſeroit permis à l'un des trois autres Joueurs de nommer telle couleur qu'il deſireroit ; & pour lors celui qui auroit voulu jouer ſans appeller, ſeroit tenu de jouer dans la couleur qui lui auroit été nommée, quoiqu'il n'eût pas une triomphe de cette couleur.

Celui qui a demandé à jouer ne peut jouer ſans appeller, à moins qu'on ne le force; auquel cas il joüe par préference à celui qui l'a forcé.

L'on n'eſt pas obligé de couper lorſque l'on n'a point de la couleur joüée, ni de mettre au-deſſus quand on le pourroit; cela étant libre au Joueur, même étant dernier à jouer, la main appartenant à l'Hombre : mais il faut qu'il fourniſſe tant qu'il a de la couleur jouée; ſans quoi il renonceroit.

Celui qui a tiré une carte de ſon jeu, & l'a preſentée à découvert pour la jouer, eſt obligé de le faire, ſi elle peut étant conſervée préjudicier au jeu, ou en donner connoiſſance à l'ami, principalement ſi c'eſt un Matador.

Celui qui joüe ſans prendre, n'eſt point ſujet à cette loi, non plus que celui qui joüe ſeul s'étant appellé.

Il eſt libre de tourner les levées faites par les autres, & compter ce qui a été joüé toutes les fois que l'on doit jouer, & non autrement.

Celui qui au lieu de tourner les levées qui ſont devant un Joueur, tourne & voit ſon jeu, ou le fait voir aux autres, fait la Bête de moitié avec celui à qui appartiennent les cartes retournées.

Qui renonce fait la Bête, autant de fois qu'il renonce, & qu'on l'en fait appercevoir.

Il faut pour avoir renoncé, que la levée ſoit pliée, ou que celui qui a renoncé ait joué ſa carte pour le coup ſuivant, il peut autrement reprendre ſa carte. Si l'on s'apperçoit de la renonce avant que le coup ſoit achevé, & qu'elle préjudice au jeu, il faut reprendre ſes cartes, & recommencer à jouer de la levée où la renonce a été faite; cependant ſi toutes les cartes ſont jouées, la Bête n'en eſt pas moins faite; mais on ne reprend point ſes cartes, à moins qu'il n'y eût pluſieurs renonces ſur un même coup, auquel cas on pourroit reprendre le jeu, pourvû que les cartes ne fuſſent pas brouillées.

Pluſieurs Bêtes faites ſur le même coup doivent aller enſemble, à moins que l'on ne convienne autrement avant que de commencer le coup.

Les plus groſſes Bêtes paſſent toûjours les premieres, lorſqu'il y en a pluſieurs.

Faire la vole, c'eſt faire toutes les levées ſeul, lorſqu'on jouë ſans prendre, ou avec l'aide du Roi que l'on a appellé.

La vole ne gagne que ce que l'on eſt convenu, tirant ſimplement ce qui eſt au-devant, n'ayant rien à demander des Bêtes qui ne vont pas.

La vole eſt entrepriſe, ſoit en jouant ſans appeller, ou avec un Roi appellé, lorſque l'on a jetté la carte ayant les ſix premieres mains : ſi on ne la fait pas, l'on paye ce qui auroit été payé pour la vole, ſi elle avoit été faite.

Celui ou ceux qui ayant entrepris la vole ne l'ont pas faite, tirent le devant, & ſe font payer le Jeu, la Conſolation, le Sans-prendre, s'il a lieu ; & les Matadors, s'ils en ont.

Quoique la vole ſoit entrepriſe, il n'eſt pas permis, ainſi qu'il l'eſt à l'Hombre, de voir le jeu de ſon ami.

La vole ne ſçauroit être entrepriſe, que le Roi appellé n'ait paru.

Celui qui a été obligé de jouer avec Eſpadille, ne peut point prétendre à la vole.

C'eſt au cas de la vole ſur-tout où le ſilence doit être le plus obſervé.

Il n'eſt point permis de faire connoître ou de rien dire qui puiſſe engager l'ami à entreprendre la vole, ou à s'en désister ; pas même, Nous avons six mains ; il faut attendre que celui à qui est à jouer ait joué, ou abbatu son jeu.

Voilà quelle est à peu près la maniere & l'ordre de jouer le Quadrille ; vous trouverez dans la Table des Loix qui sera à la suite de ce Traité, les regles dans une plus grande étenduë, vous pourrez y avoir recours pour les coups que vous ne trouverez pas entierement décidés dans ce Chapitre ; voyons quelle est la maniere de marquer & de payer le jeu.

CHAPITRE TROISIE'ME.

De la maniere de marquer le jeu & de le payer.

LE jeu est marqué par celui qui mêle, en mettant une fiche au-devant.

Chacun fait outre cela un jetton au jeu pour chaque coup, qui se paye à ceux qui gagnent avec la Consolation, & ces quatre jettons sont comptés aux Bêtes qui se font.

S'il y a une Bête, elle va avec ce qui est au devant, & le jeu que chacun

cun doit, ſans pour cela que celui qui mêle, ceſſe de mettre la fiche du jeu au-devant; ce qui fait que la premiere Bête étant de quatorze, comme elle eſt toûjours, la ſeconde doit être de quarante-deux, & la troiſiéme de cinquante-ſix; une Bête faite ſur une autre Bête ne pouvant être plus forte que de quatorze marques, qui eſt ce dont le jeu augmente; ſçavoir, dix pour la fiche que met celui qui mêle, & quatre pour le jetton que chacun fait au jeu, à moins que le jeu n'ait doublé, comme il arrive lorſque la premiere Bête eſt faite par remiſe, elle eſt de quatorze, la ſeconde eſt de quarante-deux.

Si le coup ſur lequel la premiere Bête eſt faite, eſt tiré par codille, la ſeconde Bête ne ſera que de vingt-huit, attendu que les quatorze que le codille a tirés n'y doivent point être compris, ne pouvant point à ce jeu perdre plus que l'on ne peut gagner. Vous verrez par la Table ci-après à combien ſe monteront les Bêtes qui ſeront faites.

TABLE.

Premiere. 14	2 42	3 56	4 70
5 84	6 98	7 112	8 126
9 140	10 154	11 168	12 182
13 196	14 210	15 224	16 238

Si le premier coup sur lequel a été faite la premiere Bête étoit tiré par codille, voyez la Table ci-après.

Premiere. 14	2 28	3 42	4 56
5 70	6 84	7 98	8 112
9 126	10 140	11 154	12 168
13 182	14 196	15 210	16 224

Si l'on jouë le jeu double, il n'y a, pour pouvoir ſe ſervir de ces Tables, qu'à doubler les Bêtes ſelon le rang où elles ſont faites.

Le jeu, comme nous l'avons déja dit, eſt un jetton pour chaque Joueur à chaque coup ; ainſi, s'il y avoit pluſieurs remiſes, ce ſeroit autant de jettons qu'il y auroit de remiſes, que ceux qui perdroient payeroient, ou aux gagnans, ou à ceux qui auroient fait perdre, s'ils gagnoient codille ; car lorſqu'elle n'eſt que remiſe, on ne touche point au Jeu, l'on paye ſeulement la Conſolation, les Matadors, & le Sans-prendre, s'il y en a.

La Conſolation ſe paye deux jettons, à celui ou ceux qui font jouer, s'ils gagnent ; ou par eux s'ils perdent, ſoit par remiſe ou codille.

Il en eſt de même des Matadors, qui ſont payés à un jetton chaque Matador.

Quoiqu'il n'y ait proprement que trois Matadors, qui ſont Eſpadille, Manille & Baſte, le nombre en augmente à meſure que les triomphes qui les ſuivent immédiatement, leur ſont jointes, & il eſt payé pour chacun un jetton, tant en gain qu'en perte.

Le Sans-prendre se paye ordinairement la moitié de ce à quoi est fixé la vole; ainsi ce sera çinq jettons, que ceux qui perdent doivent payer à celui qui gagne, ou celui qui perd à ceux qui l'ont fait perdre, soit remise ou codille.

Observez que le Sans-prendre, & les Matadors ne sont dûs qu'autant qu'ils sont demandés avant qu'ont ait coupé pour le coup suivant; car si les cartes étoient mêlées & coupées, sans qu'on les eût demandés, on ne seroit plus en droit de se le faire payer, excepté dans le cas expliqué aux Décisions. Voyez l'Article du Sans-prendre, & des Matadors.

La Bête, le Jeu, & la Consolation, ne se prescrivent pas; on peut se les faire payer plusieurs coups après, l'on ne peut cependant point revenir des méprises qui peuvent avoir été faites en comptant les Bêtes, si le coup d'après celui où la Bête qui fait le sujet de la dispute, est achevé de jouer. Voyez les Décisions, *Article de la Bête.*

Il est payé à ceux qui gagne codille, de la même maniere qu'ils auroient payé ceux qui auroient gagné.

Ceux qui gagnent codille, se partagent ce qui va au-devant,

La vole ſe paye une fiche, qui vaut dix jettons, à ceux qui la font, ou par ceux qui la manquent l'ayant entrepriſe; & elle eſt payée double lorſque celui qui ſans appeller la fait ſeul ou la manque de même; les Matadors, le Sans-appeller, & le reſte du jeu eſt payé à l'ordinaire.

L'on jouë ordinairement le dernier tour double, à moins que l'on ne ſoit d'accord à le jouer ſimple.

Jouer le dernier tour double, c'eſt mettre pendant ce tour le devant double, payer double le Jeu, la Conſolation, les Matadors, le Sans-prendre, & la vole.

Les Cartes ſe payent au moyen d'une Fiche que chacun donne pour cela.

Ceux qui aimeront à jouer de gros coups, pourront le jouer toûjours double; ce qui augmentera conſiderablement les Bêtes & le Jeu.

Il nous reſte à donner quelques exemples des Jeux qui peuvent être joués en appellant un Roi ou ſans appeller, c'eſt ce que l'on verra dans le Chapitre ſuivant.

CHAPITRE QUATRIE'ME.

Exemples de quelques Jeux qui peuvent être joués en appellant un Roi, ou ſans appeller.

QUoique ce ſoit par l'uſage que l'on doit apprendre quels ſont les Jeux qui peuvent être joués, on ne laiſſera pas d'en rapporter ici quelques-uns, pour faciliter ceux qui commencent.

La premiere Regle qui doit être le fondement des autres, eſt qu'il faut tout au moins en appellant un Roi, avoir dans ſon jeu trois mains aſſurées, afin de ne point faire la Bête ſeul. L'on pourra cependant jouer les Jeux ſuivans, en rouge.

JEUX EN ROUGE, QUI PEUVENT SE JOUER.

Manille, Baſte, Roi, Dame & ſix de cœur, deux piques, deux trefles & un carreau, en appellant le Roi de carreau.

L'on doit obſerver qu'il faut appeller par préference le Roi dont l'on n'a qu'une fauſſe, parce que l'on eſt pour lors en regle : l'on appelle être en regle, lorſque l'on coupe le retour du Roi appellé; & ſi l'on a une ſeule noire & une ſeule rouge pour fauſſe, il eſt mieux d'appeller le Roi rouge, à cauſe qu'y ayant une rouge de plus, l'on riſque moins d'être ſurcoupé au retour.

Si l'on ſe trouvoit avoir également en chaque couleur, il faudroit, ſi l'on avoit une Dame, en appeller le Roi, parce que par-là vous rendriez votre Dame bonne ; vous pourriez même jouer.

Eſpadille, ponte, valet, deux & trois, une Dame gardée, & trois d'une autre couleur, en appellant le Roi de votre Dame ; vous jouerez encore ;

Manille, Roi, Dame, Valet & Quatre avec un Roi, en appellant le Roi de celle dont vous aurez moins.

Il faudroit commencer à faire à-tout

du valet, si vous étiez premier à jouer, avant de cônnoître votre Roi ; il est toûjours avantageux de faire à-tout, surtout lorsque l'on a des Rois & des bonnes Cartes ; parce que les Triomphes étant ordinairement separées, vos Rois & Dames passent après cela bien mieux ; il est de même bon de faire à-tout lorsque le Roi n'a point paru, parce que pour l'ordinaire vos adversaires ne sçachant pas qui est le Roi, prennent les uns sur les autres.

Une regle generale qu'on doit se faire, c'est lorsque l'Hombre fait à-tout d'une basse triomphe, avant que son Roi ait paru ; il ne faut jamais prendre que d'une Triomphe médiocre, pour ne-pas obliger votre ami à prendre sur vous ; il n'en seroit pas de même, si vous étiez le Roi appellé, puisque vous devriez sur la basse Triomphe de l'Hombre, mettre tout ce que vous auriez de meilleur pour assurer par-là son Jeu.

Espadille, Manille, Dame & Valet, peut encore être joué, en appellant le *Roi* qui convient mieux à la situation du Jeu.

JEUX EN NOIR QUI PEUVENT SE JOUER.

Baſte, *Roi*, *Dame*, *Valet* & *Six*, en appellant un *Roi* de celle dont on a le moins : vous obſerverez d'être en regle autant que vous le pourrez.

De même que, *Manille*, *Roi*, *Dame*, & *Six*, avec un *Roi* ; en obſervant toûjours ce que nous avons dit ci-devant.

Vous jouerez encore *Eſpadille*, *Dame*, *Valet*, *ſix* & *cinq*, *une Dame gardée*, dont vous appellerez le *Roi*.

De même que, *Roi*, *Dame*, *Valet*, *ſept*, *cinq* & *un Roi*.

Il y a une infinité d'autres Jeux, qui peuvent être joués, qu'il ſeroit trop long de rapporter ; il ſuffit de dire qu'il n'eſt pas prudent de jouer ſans avoir pour le moins trois mains aſſurées, & quatre même, ſi l'on veut gagner, ne devant pas eſperer trois mains du Roi appellé.

Le Sans-prendre mérite qu'on y faſſe reflexion, puiſque celui qui jouë, bien loin d'être aidé par perſonne, trouve ſes trois adverſaires reunis, pour le faire perdre : ainſi, pour jouer ſans prendre, il faut être aſſuré de ſix mains, qu'il faut faire pour gagner ; l'on ne doit pas beaucoup compter sur des Dames gardées, l'on pourra jouer les Jeux suivans, sans prendre en rouge.

JEUX QUE L'ON PEUT JOUER SANS PRENDRE EN ROUGE.

Espadille, Manille, Ponte, Roi, deux & quatre, avec un Roi. Il faudra commencer par trois fois à-tout, si l'on est premier, d'Espadille, Manille & Ponte, pour ôter les Triomphes des mains des Joueurs, afin d'empêcher qu'on puisse ni vous surcouper, ni couper votre Roi.

Vous observerez, que si ce n'étoit pas à vous à jouer, mais que vous fussiez en cheville, si le premier, après vous avoir joué un Roi, vous jouoit encore de la même couleur où vous auriez renoncé, il faudroit, ou gagner de votre fausse, ou couper du Ponte ou du Roi, afin d'être assuré, ou de faire la levée, ou de forcer le Baste. Si la levée est à vous, ou que la suivante vous vienne, il faudra faire à-tout, comme il a été dit ci-devant.

Vous pourrez jouer aussi sans prendre, avec *Espadille, Manille, Baste,*

Valet, quatre & cinq, c'est-à-dire, trois Matadors sixiémes, & un Valet & Dame de même couleur; je dis de même couleur, parce que cela vaut un Roi; il vous restera deux fausses, ou d'une même couleur, ou de couleur differente; si elles sont de couleur differente, & qu'ayant été joué le Roi de l'une, on fasse le retour de la même couleur dont vous n'avez plus, il sera prudent de s'en aller de cette fausse qui vous fera une renonce; après cela si l'on vous rejouë pour la troisiéme fois de la même, il faut couper d'un Matador, & faire trois fois à-tout, ce qui doit naturellement abattre toutes les Triomphes; après quoi si l'on ne jouë de la couleur en laquelle est votre Dame & Valet, vous couperez & jouerez l'un des deux, vous réservant une Triomphe pour pouvoir rentrer en jeu, & jouer celle des deux qui vous rèstera, pour faire votre sixiéme main.

L'on peut encore jouer, *Manille, Baste, Ponte, Roi, deux, trois & un Roi*, c'est-à-dire, quatre faux Matadors sixiémes & un Roi: l'on appelle faux Matadors, lorsqu'il manque Espadille pour faire plusieurs Matadors, il faudroit sur un retour, couper d'un faux

Matador, afin de n'être pas ſurcoupé, & faire à-tout.

L'on pourra encore jouer *Manille*, *Ponte*, *Roi*, *Dame*, *deux*, *quatre & cinq*, avec *un Roi*.

Il n'y a qu'à obſerver au Jeu de Quadrille, ſur-tout aux Sans-prendre, qu'il faut faire à-tout le plus ſouvent qu'on le peut ; la ſituation du Jeu doit cependant regler le nombre des fois qu'il eſt à propos de le faire ; car ſi toutes les Triomphes étoient dans un même Jeu, il faudroit que la force du Jeu que l'on a, reglât la maniere de le jouer.

L'uſage & le bon ſens doivent apprendre ces ſortes de choſes.

JEUX QUE L'ON PEUT JOUER SANS PRENDRE EN NOIR.

En noir, parce qu'il y une Triomphe moins qu'en rouge, l'on joue à plus petit jeu ; vous pourrez donc jouer les Jeux ſuivans.

Manille, *Baſte*, *Dame*, *Valet*, *ſix & cinq*, *un Roi & un Dame troiſiéme*, de même que *Eſpadille*, *Manille*, *Roi*, *ſept*, *cinq & quatre* avec *un Roi* ou *une Dame & Valet de même couleur*.

Vous jouerez aussi *Manille*, *Roi*, *Dame*, *Valet*, *six*, *cinq*, *trois* & *un Roi*. Vous pourrez encore jouer, *Espadille*, *Manille*, *Baste*, *Dame*, *sept* & *un Roi*. Vous observerez que sur des retours, il n'est pas prudent de couper des basses Triomphes, à moins que le Jeu soit tel, que l'on y soit obligé, pour pouvoir gagner. Je repeterai encore ici, que le Jeu ordinaire & la maniere la plus sûre de jouer sans prendre, est de faire à-tout, le plus souvent que l'on peut, sans pour cela se trop affoiblir soi-même, pour vouloir affoiblir les autres : il y a une infinité d'autres Jeux, que l'on doit jouer sans prendre en l'une & en l'autre couleur. Il n'y a pour être assuré des jeux que l'on peut jouer, qu'à avoir toûjours présente cette necessité de faire seul six mains, malgré les efforts des trois autres Joueurs : l'usage apprendra le reste.

LE ROY RENDU.

OUtre la maniere ordinaire de jouer le Quadrille, il y en a une que l'on appelle au Roi rendu, qui suit en tout les regles & la maniere de jouer du précedent, à la reserve qu'il est libre à celui qui a *le Roi appellé*, de le rendre à celui qui l'appelle, qui doit en échange lui donner une carte de son jeu.

Ce jeu ne se jouë de la sorte que pour empêcher qu'on puisse jouer de petits Jeux; ce qui ôte beaucoup de l'agrément du Quadrille ordinaire, & fait que cette maniere de jouer plus gênante a trouvé nombre de partisans, beaucoup plus parmi les hommes capables d'un amusement plus sérieux, que parmi le beau Sexe, qui n'y a pas trouvé le même agrément qu'au Quadrille ordinaire, n'y ayant pas la même liberté.

Ce Quadrille ne differe obsolument de l'autre, qu'en ce qu'il est permis à celui qui a le Roi appellé, de le rendre à l'Hombre; ce qui fait qu'il a quelques regles qui lui sont particulieres: les voici.

I. Celui qui ayant le Roi appellé a mauvais Jeu, peut rendre le Roi appellé à l'Hombre, qui doit lui donner en échange telle carte que bon lui semblera de son jeu; & chaque Joueur est en droit de voir la carte échangée.

II. Celui qui ayant le Roi appellé auroit beau jeu, & rendroit le Roi pour faire perdre l'Hombre, feroit la Bête, ſans que l'Hombre fût pour cela exempt de la faire auſſi, s'il ne gagnoit pas le jeu, il faut que le Roi appellé ait trois mains ſûres pour être dans ce cas.

III. Celui a qui l'on a rendu le Roi, eſt obligé avec ce ſecours de faire ſix mains ſeul, les autres Joueurs étant réunis contre lui.

IV. Il ne partage avec perſonne s'il gagne, il paye de même ſeul s'il perd.

V. L'on ne peut point rendre le Roi à celui qui jouë forcé avec Eſpadille, ainſi qu'au Quadrille ordinaire, qui eſt le même que celui-ci dans toutes ſes autres regles. Il y a des maiſons où l'on jouë le Jeu ci-devant, en rendant le Roi d'obligation; c'eſt-à-dire, que celui qui jouë, jouë toûjours ſeul, & le dernier eſt obligé de jouer ſi tous les autres ont paſſé, en appellant un Roi qu'on lui rend, ou Eſpadille, ainſi qu'ils ont convenu.

L'on jouë encore un autre Jeu, qu'on appelle mal-à-propos Quadrille, puiſqu'il eſt joué à trois perſonnes; cependant comme l'on ſuit preſque en tout les loix du Quadrille, il doit être mis ici.

NOUVELLES ADDITIONS POUR LE JEU DE QUADRILLE.

SI celui qui eſt appellé ſe trouve au-deſſus de l'Hombre, il doit, s'il n'a qu'une fauſſe & un petit à-tout, jouer cette fauſſe, parce qu'il peut faire une main de cette couleur qu'on lui rejouera.

S'il a un Matador avec un petit à-tout, il doit jouer ſon Roi pour ſe faire connoître, enſuite jouer le petit à-tout, qui eſt un ſignal à l'Hombre qu'il a un Matador, ce qui fait que l'Hombre doit prendre d'un bon, & faire à-tout d'un petit que ſon Roi voit venir.

Si celui qui eſt appellé eſt au-deſſous de l'Hombre, & premier à jouer, il doit faire à-tout d'un petit, parce que l'Hombre, qui le voit venir, prend & joue à ſon Roi, qui prend & rejoue une fauſſe s'il l'a ſeule, ou fait à-tout des Matadors s'il en a, ou joue un Roi & la Dame s'il les a; ne rejouant de la couleur du Roi appellé que quand il n'a rien. Il doit obſerver à la ſixiéme main de jouer une fauſſe où l'Hombre coupe, pour le mettre en état d'entreprendre la vole, s'il a des Matadors & cartes Rois.

Si le Roi appellé eſt en cheville, il doit jouer ſon Roi, enſuite jouer une fauſſe s'il l'a ſeule, ou à-tout d'un bon s'il l'a, ſinon faire un retour de la couleur du Roi appellé.

Quand on eſt appellé, & qu'on a Roi & Dame d'une couleur, il faut les jouer ſi l'on a pas de Matadors.

Lorſque l'on coupe à une couleur, dont il a été joué deux fois, il faut couper de ce qu'on a de meilleur.

Quand on jouë une fauſſe où vous coupez, n'euſſiez-vous que le Baſte, il faut le mettre, crainte que l'Hombre ou le Roi appellé n'ayent le Roi de cette fauſſe. Voilà la raiſon pour laquelle ceux qui ne ſont point appellés doivent jouer d'abord des fauſſes, ou la Dame dont ils ont le Valet. Bien des Joueurs quand ils ſont appellés, jouent la Manille ou le Baſte d'abord : mais comme un Joueur qui ne ſeroit pas appellé peut les imiter, l'inconvenient fait que je n'approuve pas cette façon de joüer, & que dans le doute, je conseille à l'Hombre de prendre.

Il faut remarquer les couleurs dont on a joué deux fois, pour n'en pas rejoüer, à moins que celui avec qui vous êtes ne voye venir.

Il ne faut jamais jouer de la fausse jouée par celui qui est contre vous, ni de la couleur du Roi appellé.

Il faut s'en aller des fausses dont on a les Rois, & garder le Valet troisiéme de la couleur dont on n'a pas joué, & qu'on juge que l'Hombre a des fausses.

Quand on est appellé, & que l'Hombre vous lâche sur à-tout, il faut toûjours rejouer à-tout, tant qu'on en a.

Si l'Hombre jouë sans prendre, & que vous soyez au-dessus, & premier à jouer, il faut jouer de la couleur dont vous avez le plus, si vous n'avez pas un Roi & Dame d'une couleur; car si vous n'avez que des Rois, il faut voir venir, crainte de rendre les Dames de l'Hombre bonnes.

Si au contraire vous êtes au-dessous de l'Hombre, & que vous ayez une fausse seule & quelqu'à-tout, il faut les jouer; & si la fausse passe à un Roi au-dessus de l'Hombre, il doit en rejouer ; mais ſi c'eſt au-deſſous ce dernier doit jouer une autre fauſſe.

Lorſque l'Hombre joüe ſans prendre, il faut remarquer à quoi il coupe, & en jouer toûjours pour conſommer ſes à-touts, & conſerver ceux des autres qui peuvent le ſurcouper : l'on juge de ſes fauſſes par le Roi qu'il a coupé. L'on doit garder trois ou quatre des meilleures cartes de la couleur qu'on juge qu'il a des fauſſes dont il peut avoir le Roi, & ne pas ſe défaire de cette couleur.

L'on doit, quand on n'eſt point appellé, & premier à jouer au-deſſus de l'Hombre, jouer un petit à-tout, ſi on l'a ſeul, ou une fauſſe, fût-ce une Dame quand elle eſt ſeule, ou une fauſſe dont on a la Dame, ou la Dame dont on a le Valet, ou un Roi quand on n'en a pas le Valet : car ſi on l'a, il faut jouer une autre carte pour voir venir, afin de faire deux mains, prenant la Dame avec le Roi, ce qui rend le Valet bon.

Obſervez de vous en aller du Valet & de la Dame, lorſqu'on joüe de cette couleur, & que vous ayez l'As & le Deux en rouge, ou le Sept en noir ; car autrement l'on ne doit point ſe défaire de trois de ces cartes à moins que l'Hombre n'y coupe

Si l'on eſt point appellé, & qu'on ait pluſieurs petits à-touts, ou quelques Matadors, & que l'on ſoit au-deſſus de l'Hombre, & à jouer, il faut jouer à-tout d'un de ces petits, & même quand on n'en auroit qu'un. Si l'on a deux cartes de chaque couleur, il faut jouer cet à-tout.

Lorſque l'on eſt à jouer, & que l'on a Eſpadille & Baſte, il faut jouer une autre carte, pour voir venir, afin de prendre la Manille avec Eſpadille, & rendre le Baſte bon, ainſi des autres cartes, comme Roi & Valet, lorſque la Dame n'eſt pas jouée, & autres à-touts; de même ſur la fin du jeu, s'il reſte le Sept & le Deux de cœur & un à-tout qui eſt ſeul, il faut jouer le Sept de cœur pour faire tomber le Valet qui doit reſter, & quelque choſe que l'on jouë enſuite, on fait ces deux mains.

Quand l'Hombre vous voit venir, ſi vous avez Manille gardée, il faut lâcher & ne point couper.

Le point déciſif eſt de voir venir en à-tout & en toutes autres couleurs, après que les premiers coups ſont joués, & que l'on ſçait une Triomphe en carte Roi, entre les deux que l'on a.

Si l'Hombre jouë sans prendre, & coupe à deux Rois, l'on sçait par-là ses fausses.

Quand on fait jouer, & que l'on n'est pas fort en Matadors, mais que l'on a des Rois ou Dames gardées, il faut faire à-tout d'un petit pour voir venir, & rendre ses Rois & Dames bonnes.

Si vous étes avec l'Hombre, & qu'il s'en aille d'une couleur, & qu'il ait été joué deux fois de la couleur de son Roi, jouez de celle dont il s'en va.

Quand celui qui est appellé a Manille & Baste, il doit à la quatriéme main prendre de l'un & faire à-tout de l'autre; mais auparavant il doit avoir fait voir ses Rois, à moins qu'il n'eut un Roi & un Valet, auquel cas il doit attendre, & jouer plûtôt ses Matadors.

Si l'Hombre fait à-tout de la Dame ou du Valet, & que la main lui vienne, il doit retourner à-tout, parce qu'il doit voir que c'est son Roi qui a les Matadors.

Si l'Hombre jouë d'abord la fausse à son Roi, & que son Roi se trouve avoir Espadille & Manille troisiéme avec un autre Roi & Dame, il doit, après avoir pris du Roi appellé, jouer Espadille & Manille, le Roi & la Dame, cela fait cinq mains, & remarquer si l'Hombre coupe à ce dernier Roi, en rejouer ou de la couleur du Roi appellé, ou faire à-tout, parce que si l'Hombre n'a pas le Baste, il prend & montre.

Que si l'Hombre lâche à la sixiéme main, cela fait connoître qu'il veut que l'on entreprenne la vole.

Quand on veut entreprendre la vole, il faut faire à-tout d'Espadille pour faire tomber Manille ou Baste, lorsqu'on ne l'a pas; car votre Roi l'auroit fait voir s'il l'avoit eu seul avant la sixiéme main.

Quand l'Hombre jouë avec les deux As noirs, il doit faire d'abord à-tout d'un petit pour voir venir; & faisant après à-tout d'Espadille, Manille tombe ordinairement : de même s'il jouë sans les As noirs, il doit faire à-tout d'un petit, si c'est à lui à jouer.

Pour empêcher la vole, il faut remarquer la couleur où l'Hombre & son Roi n'ont pas coupé, pour en garder les bonnes cartes, & préferablement celles dont celui qui est avec vous n'a point, & de celles dont le Valet & la Dame sont tombés.

Quand la carte pour la vole est jouée, ceux qui sont contre, & qui ont quatre cartes, doivent jetter sur cette carte les

Rois & Dames qui ſont Roi où l'on a coupé, & garder un Valet troiſiéme d'autre couleur; & l'autre garde la meilleure dont le Roi & la Dame ont été joués, parce que ce doit être la fauſſe ſur quoi la vole eſt hazardée.

L'Hombre doit remarquer ſi ſon Roi après avoir pris, jouë une autre fauſſe; c'eſt-à-dire, qu'il coupera en cette couleur; & ne pas manquer de lui en rejouer dès que la main lui vient.

Si celui qui eſt appellé jouë une fauſſe, & que celui qui la prend ſoit contre l'Hombre, il doit après avoir pris, faire à-tout d'un petit, ſi ſon camarade voit venir, afin de faire tomber l'à-tout du Roi appellé qui ne coupera plus après.

LOIX DU JEU
DE QUADRILLE.

I. IL n'eſt pas permis de donner les cartes autrement que par quatre & trois, étant libre à celui qui mêle, de commencer par quatre ou par trois : ſi en donnant les cartes il s'en trouve une ou pluſieurs tournées, on refait.

II. Si le Jeu eſt composé de plus ou moins de cartes, on refait.

III. S'il y en a deux de même maniere, & qu'on s'en apperçoive avant le coup achevé, le coup eſt nul : ſi toutes les cartes ſont jouées, le coup eſt bon, de même que les précedens qui ont été joués.

IV. Celui qui donne mal, refait, & ne fait pas la Bête.

V. Si celui qui jouë, ou ſans prendre ou en appellant, nomme une autre couleur que celle où il a ſon Jeu, ou qu'il nomme deux couleurs, celle qu'il a nommée la premiere, eſt la Triom-

triomphe, ſans pouvoir en revenir.

VI. Celui qui jouë, doit nommer ſa couleur par ſon nom propre, de même que le Roi qui appelle.

VII. Celui qui a dit, paſſe, ne peut plus être reçû à jouer, à moins qu'il ne jouë forcé, parce qu'il a Eſpadille.

VIII. Celui qui a demandé à jouer, eſt obligé de jouer.

IX. Celui qui a demandé à jouer, ne peut jouer ſans prendre, à moins qu'on ne le force.

X. Celui qui a demandé à jouer, peut jouer ſans prendre, par préference à celui qui le force.

XI. Celui qui a les quatre Rois, peut appeller la Dame d'un de ces Rois.

XII. L'on ne peut appeller le Roi ni la Dame de la couleur qui eſt triomphe.

XIII. Celui qui a un ou pluſieurs Rois, peut appeller un des Rois qu'il a; il eſt pour lors obligé de faire ſix mains ſeul pour gagner; il gagne ſans partager avec perſonne, & perd ſeul.

XIV. L'on ne peut point demander Gano à ſon ami, ni le faire appuyer.

XV. L'on ne doit jouer qu'à ſon rang; mais l'on ne fait pas la Bête pour cela.

XVI. Celui cependant qui n'étant pas premier à jouer, & ayant le Roi appellé, joueroit *à-tout* d'Espadille, Manille ou Baste, ou même joueroit le Roi appellé, pour faire connoître qu'il est l'ami, ne sçauroit entreprendre la vole; il seroit même condamné à faire la Bête, si l'on connoissoit de la mauvaise foi dans son procedé.

XVII. Celui qui a tiré de son jeu une carte, & l'a présentée à découvert pour la jouer, est obligé de le faire, si elle peut, étant conservée, préjudicier au jeu, ou en donner connoissance à l'ami, principalement si c'est un Matador; celui qui jouë sans prendre, n'est pas sujet à cette loi, non plus que celui qui jouë seul s'étant appellé.

XVIII. Celui qui n'a pas de la couleur dont on jouë, n'est pas obligé de couper, ni de mettre au-dessus de la carte jouée, quoiqu'il le puisse.

XIX. Il est libre de tourner les levées faites par les autres, pour voir ce qui a été joué.

XX. L'on ne doit tourner les levées faites, ni compter tout haut ce qui est passé, que lorsqu'on est à jouer, devant laisser compter son jeu à chacun.

XXI. Celui qui au lieu de tourner

les levées qui ſont devant un des Joueurs, tourne & voit ſon jeu, fait la Bête de moitié avec celui à qui ſont les cartes retournées.

XXII. Celui qui renonce fait la Bête autant de fois qu'il renonce, ſi l'on l'en fait appercevoir à chaque differente fois qu'il a renoncé; ſi les cartes ſont pliées, il ne fait qu'une Bête, quand il auroit renoncé pluſieurs fois.

XXIII. Il faut, pour que la renonce ſoit faite, que la levée ſoit pliée, ou que celui qui a renoncé ait joué ſa carte pour le coup ſuivant, pouvant autrement la reprendre ſans avoir fait faute.

XXIV. Si la renonce préjudicie au Jeu, & que le coup ne ſoit pas achevé, on peut reprendre le Jeu, & le commencer à la levée où la renonce a été faite; mais ſi le coup eſt achevé de jouer, on ne reprend plus le Jeu.

XXV. Celui qui ayant demandé en quoi eſt la triomphe, couperoit de la couleur qu'on lui auroit dit, quoiqu'effectivement ce ne fût pas la triomphe, il ne feroit pas la Bête.

XXVI. Celui qui ſans avoir demandé la triomphe, couperoit d'une couleur qui ne la feroit pas, & auroit plié la levée, feroit la Bête.

XXVII. Celui qui montre son Jeu avant que le coup soit gagné, fait la Bête, excepté celui qui jouë sans prendre, ou seul.

XXVIII. Plusieurs Bêtes faites sur un même coup, vont ensemble, à moins qu'il ne soit convenu autrement.

XXIX. Les plus fortes Bêtes se jouent toûjours les premieres.

XXX. Les trois Matadors ne peuvent être forcés par une triomphe inferieure.

XXXI. Le Matador superieur force l'inferieur, lorsqu'il est joué par le premier qui jouë.

XXXII. Le Matador superieur ne force pas l'inferieur, s'il est joué sur une triomphe inferieure premierement jouée.

XXXIII. Les Matadors & le Sans-prendre ne peuvent plus se demander, quand on a coupé & mélé pour le coup suivant, à moins que par affectation l'on ne melât & coupât si vîte qu'on ne lui en donnât pas le tems; auquel cas, s'il n'a rien reçû pour le Jeu, & la Consolation d'aucun des Joueurs, il est en droit de demander le Sans-prendre & les Matadors avec le Jeu qui lui est encore dû; si c'étoit lui qui eût coupé ou donné les cartes, il ne pourroit plus en revenir.

XXXIV. Si celui qui jouë ſans prendre avec des Matadors, demande l'un ſans demander l'autre, il ne lui eſt dû que ce qu'il a demandé.

XXXV. Celui qui demande des Matadors n'en ayant pas, au lieu de demander le Sans-prendre ; de même que celui qui demande le Sans-prendre au lieu des Matadors, ne peut point exiger qu'on lui paye ce qui lui eſt veritablement dû, ce Jeu demandant une explication formelle ; celui qui jouë en appellant n'eſt pas reçû à cette diſtinction.

XXXVI. Si l'un des deux Joueurs a été payé des Matadors, l'autre eſt en droit de s'en faire payer, encore qu'ils n'ayent pas été demandés.

XXXVII. Les Matadors ne ſe payent que lorſqu'ils ſont dans la main de ceux qui font jouer enſemble ou ſéparément.

XXXVIII. Celui qui jouë ſans prendre, eſt obligé de nommer ſa couleur, quoiqu'il ait jeu ſûr.

XXXIX. Le Jeu, le Devant, la Conſolation, & la Bête ne ſe preſcrivent pas ; on peut les demander pluſieurs coups après.

XL. On ne peut pas revenir des mépriſes qui peuvent avoir été faites en comptant les Bêtes, passé le coup d'après qu'elles ont été tirées.

XLI. Celui ou ceux qui faisant jouer, font toutes les mains, gagnent ce qu'on est convenu pour la vole.

XLII. La vole ne tire point les Bêtes qui ne vont pas au Jeu.

XLIII. Celui qui ne fait pas la vole l'ayant entreprise, paye ce qu'on lui auroit payé s'il l'avoit faite.

XLIV. La vole est entreprise, lorsqu'après avoir fait les six premieres mains, soit qu'on soit seul, ou avec le Roi appellé, on a joué la carte pour la septiéme main.

XLV. Quand la vole est entreprise, on ne peut plus s'en dédire.

XLVI. Celui qui parleroit sur le Jeu pour encourager son ami, ne pourroit prétendre à la vole.

XLVII. Celui qui parleroit pour l'en faire désister, feroit la Bête.

XLVIII. Il n'est pas permis d'avertir son ami qui est à jouer, que l'on a six mains.

XLIX. Ceux qui défendent la Poule, ne peuvent point se communiquer leur Jeu, quoique la vole soit entreprise; & les uns, ni les autres ne doivent pas dire un mot qui interesse le Jeu.

L. Celui qui a été forcé de jouer avec Espadille, ne peut prétendre à la vole.

LI. La vole ne sçauroit être entreprise que le Roi appellé n'ait paru.

LII. L'on peut lorsque le Roi appellé n'a point paru, jouer jusqu'à la derniere carte, sans encourit la peine de ceux qui manquent la vole.

LIII. Ceux qui feroient la vole sans avoir fait connoître le Roi, n'en seroient point payés, encore que la Dame en eût été jouée, & eut fait une levée, pouvant arriver que celui qui a le Roi, a gagné par mégarde, ou voulu faire l'inpace, la Dame ne dénotant pas le Roi.

LIV. Ceux qui ayant entrepris la vole, ne la font point, ne laissent pas de gagner le Jeu, le devant & les Bêtes, s'il en va sur le Jeu; & de se faire payer le Jeu, la Consolation & les Matadors, s'ils en ont, de même que le Sans-prendre.

LV. Ceux qui admettront le Contre au Jeu de Quadrille, le recevront à jouer, par préference au premier en carte qui voudroit jouer sans prendre.

LVI. Celui qui ayant joué sans prendre, s'est engagé à la vole sans la faire, paye à chacun le droit de la vole, & il n'eſt payé ni du Sans-prendre, ni des Matadors, s'il en a, pas même de la Conſolation, ni du Jeu, il ne tire point le devant, mais il ne fait pas la Bête, à moins qu'il ne perde le jeu; auquel cas il doit payer à chacun, outre la vole manquée, ce qui lui revient pour le Jeu, & fait la Bête de ce qui eſt au jeu.

LVII. Celui qui fait jouer & ne fait point trois mains ou quatre, ainſi que l'on eſt convenu, fait la Bête ſeul, & paye ſeul auſſi tout ce qui eſt à payer: & s'il n'en faiſoit point, il payeroit outre cela à ſes deux adverſaires, le droit de la vole, & non à ſon ami, afin que cet appas de gain ne l'engageât point à jouer cōntre celui qu'il doit ſecourir lorſque le jeu eſt déſeſperé.

LVIII. Lorſque l'on jouë au Roi rendu, celui à qui le Roi a été rendu, eſt obligé de faire ſeul ſix mains; au ſurplus, il gagne ou perd ſeul.

LIX. Si celui qui a commencé la partie ne veut point l'achever, il doit payer tout ce qu'il y a de perte au jeu, & les cartes.

LX. Si c'étoit pour vaquer à des affaires importantes, on pourroit remettre la partie en prennant un memoire de l'état du Jeu, du conſentement des autres Joueurs.

DECISIONS NOUVELLES

SUR LES DIFFICULTEZ & incidens qui peuvent ſurvenir au Jeu de Quadrille.

ARTICLE PREMIER.

De la Donne.

S'Il ſe trouve une carte tournée, quelle qu'elle puiſſe être en donnant, il faut refaire ; la raiſon en eſt, qu'il n'eſt pas juſte qu'un des Joueurs ait le deſavantage qu'on lui ſçache une carte de ſon jeu qui peut lui porter préjudice, s'il fait jouer ſans prendre, ou en appellant un Roi, ou même en défendant le jeu. D'ailleurs, la Loi ne ſeroit pas égale, ſi la carte tournée qui vient à l'un des Joueurs, étoit reçûë, & le coup jugé bon ; pendant que s'il en venoit une seconde tournée à un autre Joueur, & une troisiéme à une autre, le coup ne vaudroit pas, & seroit reputé faux: cependant cette seconde ou troisiéme carte venuë à differens Joueurs, ne pourroit faire dans leur jeu, que l'effet que la premiere peut faire dans le jeu de celui qui l'a; par consequent le jeu de deux ou trois cartes tournées à differens Joueurs, étant reputé faux, il est raisonnable qu'à une seule il le soit aussi.

Il n'est pas permis de donner les cartes autrement que par quatre & trois, comme certains Joueurs le prétendent mal-à-propos, puisque suivant en tout ce qu'on peut les loix de l'Hombre, où les cartes ne peuvent être données que trois à trois, il n'est point juste de s'écarter de cette loi, qui n'a rien que de fort raisonnable, & qui est contraire aux abus qui pourroient provenir de la liberté de donner à sa fantaisie, par la connoissance que quelques Joueurs de mauvaise foi pourroient avoir des cartes.

ARTICLE SECOND.

De la maniere d'appeller.

LE ſentiment de quelques Joueurs qui veulent que celui qui a les quatre Rois, paſſe, s'il ne jouë pas ſans prendre, eſt contraire à la liberté du jeu de Quadrille ; & la raiſon veut, qu'il lui ſoit libre de jouer, ou en appellant une Dame, ou un de ſes Rois ; étant generalement reçû, que celui qui ne veut pas hazarder le Sans-prendre, peut appeller un de ſes Rois ; & s'il ne veut pas jouer ſeul, appeller une Dame autre que celle de la triomphe.

Obſervez que pour appeller une Dame, il faut avoir les quatre Rois ; ainſi ſi l'on n'avoit pas celui de la triomphe, quoique l'on eût les trois autres, on ſeroit obligé d'appeller un des Rois que l'on a, ou de paſſer.

ARTICLE TROISIE'ME.

De la maniere de jouer les Cartes.

COmme les peines ne ſont impoſées aux fautes qui ſe font dans tous les Jeux de commerce, que pour empêcher les abus que la mauvaiſe foi pourroit introduire, l'on a jugé à propos d'uſer de ſeverité pour les coups ſuivans, à cauſe qu'il ſeroit aiſé d'en abuſer s'ils étoient jugés autrement.

Celui qui a tiré une carte de ſon jeu, & l'a préſentée à découvert pour la jouer, eſt obligé de le faire, ſi elle peut, étant conſervée, préjudicier au jeu, ou en donner connoiſſance à l'ami, principalement ſi c'eſt un Matador.

Ce cas eſt auſſi-bien pour ceux qui défendent la poule, que pour ceux qui font jouer.

Celui qui joüe ſans prendre ou ſeul, s'étant appellé lui-même, n'eſt pas ſujet à cette loi, ne pouvant tirer aucun avantage de ſa carte qu'il montreroit.

Celui qui n'étant pas premier à jouer, & ayant le Roi appellé, joüe à-tout d'Eſpadille, Manille ou Baſte, ou même jouë le Roi appellé, pour faire connoître qu'il est l'ami, ayant d'autres Rois qu'il craint que l'Hombre ne lui coupe, ne peut point prétendre la vole; il doit même être condamné à faire la Bête, si la carte montrée sert à faire gagner le jeu qui seroit douteux.

ARTICLE QUATRIE'ME.

Des méprises & accidens.

LA liberté que l'on a au Quadrille de voir ce qui s'est passé dans les levées faites, peut faire commettre une faute qui vient des deux Joueurs, l'un la faisant, & l'autre l'occasionnant; ce qui a fait décider le coup en la maniere ci-après.

Celui qui au lieu de tourner les levées d'un des Joueurs, tourneroit son jeu, qui seroit devant lui, & le verroit, ou le feroit voir aux autres Joueurs, feroit la Bête de moitié avec celui à qui seroit le jeu vû; l'un payeroit pour son peu d'attention, & l'autre pour sa nonchalance, devant toûjours avoir son jeu à la main, pendant que le coup se jouë: cette loi est d'autant mieux établie, qu'elle empêche plusieurs abus ; premierement, les pieges que l'on pourroit tendre à ceux qui voudroient compter le jeu, en mettant les jeux auprès des levées faites ; en second lieu, la mauvaise foi de celui qui faisant semblant de compter le jeu, tourneroit les cartes des Joueurs qui pourroient par hasard ou mégarde les avoir posées sur la Table.

ARTICLE CINQUIE'ME.

Des Renonces.

CElui qui renonce ne fait point la Bête, quand même la main seroit levée en l'air, s'il s'en apperçoit, & empêche que la main ne soit pliée sur le tapis ; mais si elle est renversée par celui qui la gagne, il fait la Bête.

Il fait aussi la Bête, lorsque la main est couverte d'une autre carte par celui à qui elle appartient, à moins que sur le champ il n'avertisse lui-même, & avant que d'avoir rejoué ; auquel cas il reprendroit sa carte, sans faire la Bête.

Celui-là ne renonceroit pas à qui l'on auroit dit, la triomphe est en telle couleur, & qui n'ayant pas de la couleur jouée, couperoit de celle qu'on lui auroit dit être la Triomphe; mais il ne pourroit reprendre sa carte, & la levée iroit à qui elle seroit de droit, n'étant pas naturel de punir la bonne foi comme la mauvaise, ou ce qui peut l'être réputé.

Celui qui sans avoir demandé la triomphe couperoit d'une carte qui ne la seroit pas, & auroit plié la levée, feroit la Bête, si l'on s'en appercevoit, pouvant y avoir de la mauvaise foi.

Celui qui renonce plusieurs fois en un coup, si l'on ne s'en apperçoit qu'après que les cartes sont pliées sur le tapis, ne fait qu'une Bête; mais si après qu'on l'a fait appercevoir de la premiere, on le fait encore appercevoir d'une seconde, & après, d'une troisiéme, il fait autant de Bêtes qu'il a renoncé de fois, & il doit reprendre ses cartes, & les jouer de la maniere qu'il faut; les autres Joueurs doivent observer de jouer le coup de même qu'ils l'avoient joué auparavant.

ARTICLE SIXIE'ME.

Des fautes de montrer ſon jeu.

LA faute de montrer ſon jeu, pour être ordinaire, n'en eſt pas moins conſidérable, puiſque la tolérance que l'on en feroit pourroit introduire pluſieurs abus.

Il ne ſera donc pas permis à ceux qui font jouer, ni à ceux qui défendent la Poule, de montrer leur jeu, que le jeu ne ſoit gagné, parce que l'ami de celui qui a montré ſon jeu pourroit en tirer avantage; ainſi celui qui le montreroit feroit la Bête.

Ce cas ne regarde pas le Sans-prendre, ni celui qui s'eſt appellé, dont le jeu ne peut être favoriſé de perſonne.

Ceux qui défendent la Poule, encore qu'ils ayent fait ſix mains, ne doivent point montrer pour cela leur jeu, mais jouer juſques à la derniere carte, pour voir ſi l'Hombre fera ſes trois mains, pour ne pas faire la Bête ſeul.

ARTICLE SEPTIE'ME.

Des fautes de parler.

IL n'eſt point permis de parler, en quelque maniere que ce ſoit au jeu de Quadrille; pas même dire cela eſt Roi; celui qui eſt à jouer devant le ſçavoir, ou pouvant l'apprendre par les levées déja faites; l'on ne doit pas non plus dire que l'on a coupé à telle ou telle couleur, celui qui eſt à jouer ne peut pas même le demander, mais le chercher dans les cartes déja paſſées.

Celui qui parleroit ſur le jeu pour encourager ſon ami, ne pourroit prétendre à la vole.

Celui qui parleroit de maniere à l'en faire déſiſter, feroit la Bête.

Il n'eſt ſeulement pas permis de dire que l'on a ſix mains.

La liberté que chaque Joueur a de voir les levées faites, toutes les fois que bon lui ſemble, ne doit s'entendre que pour les coups où ſon tour vient de jouer, n'ayant beſoin de ſçavoir ce qui a paſſé, que lorſque ſon tour eſt venu de jouer, pour ſe déterminer.

On remediera par-là aux abus qui se commettent assez souvent, lorsque celui dont le tour de jouer est passé, ou n'est pas encore venu, compte telle ou telle couleur, puisqu'il détermine par-là celui qui est en suspens, à jouer une carte plûtôt que l'autre; d'ailleurs outre le préjudice que cela peut porter au jeu, il n'est pas de l'honnêteté de le faire.

ARTICLE HUITIE'ME.

De la Bête.

LA Bête ne se prescrit point, on est en droit de la demander plusieurs coups aprés, en prouvant que l'on a gagné sur le coup où elle devoit naturellement aller; mais il n'en est pas de même des méprises que l'on peut faire en comptant les Bêtes: car, par exemple, si une Bête qui devroit être de cinquante-six n'avoit été comptée que pour quarante-deux, & que celui qui gagne, les eût reçûs, sans demander le surplus de la méprise, il ne seroit pas reçû à y revenir, si le coup d'aprés étoit joué, pour éviter les embarras où de pareilles vérifications pourroient jetter, outre qu'il n'y auroit pas de la justice, puisqu'il ne risquoit pas de perdre au-delà de ce qu'il gagne.

ARTICLE NEUVIE'ME.

Du Sans-prendre & des Matadors.

LE Sans-prendre & les Matadors doivent être demandés avant qu'on ait coupé pour le coup suivant, autrement ils ne doivent pas être payés.

On a cependant jugé que cette exception étoit à propos, pour punir la mauvaise foi de ceux qui, pour faire tomber dans ce cas ceux qui ont droit de les demander, mêlent & font couper avant même qu'on ait pensé à relever les cartes, & par conséquent demandé ce qui doit revenir aux gagnans.

Si celui qui joue sans prendre ou avec des Matadors, ou sans Matadors, n'a point reçû d'aucun Joueur ce qui lui revient pour le jeu, quoique l'on ait coupé, il peut demander, avec le jeu, le Sans-prendre & les Matadors, s'il en a.

Si celui qui a joué sans prendre ne l'a point demandé, & a lui-même coupé ou donné les cartes, il ne lui est dû que le jeu.

Si celui qui a joué sans prendre avec des Matadors, demande par mégarde l'un pour l'autre, il ne lui sera rien payé, s'il ne se reprend avant que l'on ait coupé, ce Jeu demandant une explication formelle.

Celui qui joue en appellant un Roi, n'est pas recevable à cette distinction, parce qu'étant deux à faire leur jeu, ils peuvent l'un ou l'autre demander ce qui leur est dû avant que l'on ait coupé, cette loi n'étant que pour ceux qui jouent sans prendre, ou seuls s'étant appellés.

Celui qui jouant sans prendre montre son jeu, qu'il a sûr, sans nommer la couleur, doit jouer en la couleur qu'un de ses adversaires nomme; si ayant repris ses cartes, il laisse jouer le premier, qui est en droit en jouant sa premiere carte de nommer la triomphe qu'il veut, si l'Hombre n'a pas nommé lui-même auparavant, ou si étant premier à jouer, il fait à-tout d'Espadille, ou Baste, sans specifier sa couleur, ne l'ayant point ci-devant nommée; ce Jeu, comme il a été déja dit, demandant une entiere explication.

ARTICLE DIXIE'ME.

Des coups où l'on joue forcé.

LOrſque tous les Joueurs ont paſſé, celui qui a Eſpadille eſt obligé de jouer; il eſt à préſumer qu'ayant paſſé, il ne doit pas avoir beau jeu; la juſtice par conſéquent ne feroit pas qu'il fût ſujet à la loi de ceux qui jouent de leur bon gré, laquelle les oblige à faire trois mains pour ne pas faire la bête ſeuls; c'eſt cette raiſon qui a fait regler, que celui qui joue avec Eſpadille ne fait point la bête ſeul, quand il ne feroit qu'une main.

ARTICLE ONZIE'ME.

Du Contre, de la Vole & de la Devole.

LE Jeu de Quadrille étant un jeu à la Françoiſe, peut, ce ſemble, admettre le Contre que l'on a voulu établir à l'Hombre à l'inſtar du jeu de la Bête; ceux donc qui le voudront admettre, ſuivront la regle ſuivante,

Celui qui voudroit jouer ſans prendre, & s'engager à la vole, ſeroit reçû à jouer au préjudice de celui qui ſeroit à parler avant lui, & qui voudroit jouer ſimplement ſans prendre.

Celui qui auroit joué ſans prendre s'étant engagé à la vole, & ne la feroit pas, payeroit à chacun le droit de la vole manquée, ne ſeroit payé ni du ſans-prendre, ni des Matadors, s'il en avoit, ni de la Conſolation ; il ne tireroit pas même le devant, & les Bêtes qui iroient au jeu ; mais il ne feroit pas la bête, à moins qu'il ne perdît le jeu, auquel cas il payeroit tout ce qui ſeroit dû pour la Conſolation, le Sans-prendre, la Vole & les Matadors, s'il en avoit.

Comme c'eſt un coup qui ne peut être que très-rare, on ne riſque pas beaucoup de l'admettre.

Celui qui a été obligé de jouer avec Eſpadille ne peut prétendre à la vole, à cauſe de l'avantage qu'Eſpadille découvert peut lui procurer.

Le Roi appellé doit avoir paru pour avoir droit à la vole, autrement, comme l'on n'en court pas les riſques, on n'en peut eſperer la rétribution.

Celui qui faiſant jouer ne feroit point de mains ; feroit la dévole, qu'il payeloit aux deux qui défendroient la Poule, & non à son ami, afin que l'appas du gain ne l'engageât point à jouer contre celui qu'il doit secourir, lorsque le jeu seroit desesperé.

Cette loi, toute rigoureuse qu'elle est, ne la sçauroit trop être, puisqu'elle tend à empêcher qu'on ne joue que des jeux médiocres, & que d'ailleurs il est presque impossible que l'Hombre & celui qui a le Roi appellé, ayent assez mauvais jeu pour ne pas faire une main à eux-deux, ce qui suffit pour empêcher la dévole.

Une regle generalement reçûë est, que ceux qui montrent leur jeu, ne peuvent plus prétendre à la vole; cependant si un des Joueurs ayant dans son jeu cinq, ou bien six mains assurées, le montre, en disant qu'il entreprend la vole, quoique son ami soit à jouer, il est reçû sans que les adversaires puissent l'empêcher; mais il leur est libre de faire jouer à l'ami de celui qui entreprend la vole, telle carte de son jeu qu'il leur plaira, afin qu'il ne puisse tirer avantage du jeu de son ami qu'il a vû; ce qui n'est valable, qu'au cas que ceux qui font jouer n'ayent point encore six mains; car s'ils ont déja six mains, il n'y a que celui qui est à jouer qui ſoit en droit de l'entreprendre, ou de s'en déſiſter, ſuivant les régles ordinaires.

Le coup ci-deſſus a été d'autant plus juſtement adouci de la ſorte, que celui qui montre ſon jeu n'en peut tirer aucun avantage, mais ſeulement abreger la longueur du coup; & il eſt cenſé dès-lors avoir entrepris la vole, ſoit qu'il la faſſe ou non.

ARTICLE DOUZIE'ME.

Du Roi Rendu.

CEtte maniere de jouer eſt aſſez en uſage dans quelques Provinces, l'on y ſuit en tout les loix du Quadrille ordinaire; il ſuffira de dire que celui qui ayant le Roi appellé, auroit dans ſon jeu trois mains ſûres, rendroit le Roi pour faire perdre l'Hombre, feroit la bête, pour punir ſa mauvaiſe volonté; c'eſt un cas qui eſt arrivé, mais qu'il ſera rare de revoir.

LE JEU DE QUADRILLE, avec le MEDIATEUR *& la* COULEUR FAVORITE.

LEs personnes qui sont dans l'usage de jouer le Quadrille, ont souvent éprouvé l'inégalité que l'on trouve dans ce jeu. L'avantage de celui qui est premier en carte, ôte à ceux qui le suivent, la liberté de pouvoir jouer, même ayant beau jeu, lorsqu'ils ne peuvent jouer seuls. Il arrive souvent, par exemple, que le premier ayant demandé, le second se trouve avoir dans son jeu trois Matadors cinquiémes en noir, & toutes fausses, dans ce cas il ne peut jouer seul; & n'ayant point l'espérance d'être appellé, il est fort disgracieux d'être obligé de passer avec un beau jeu. On a donc voulu corriger cette inégalité, en donnant à chacun des Joueurs, le moyen de profiter de l'avantage de son jeu; pour cet effet on a ajoûté à la maniere ordinaire de jouer le Quadrille, celle de le jouer avec le Médiateur & la Couleur favorite, ce qui rend ce jeu beaucoup plus interessant & plus amusant.

Maniere de tirer les places au Médiateur.

L'on prend quatre cartes dans un jeu, sçavoir, un Roi, une Dame, un Valet & un As, que l'on donne à tirer aux Joueurs; c'est ordinairement au dernier entré à qui on présente les cartes à tirer, ensorte que celui qui a le Roi se place où il veut, la Dame se met à sa droite, le Valet ensuite, & l'As au-dessus du Roi, pour lui donner la main; celui qui a le Roi tire la Couleur favorite.

Regles de ce Jeu.

Cette nouvelle maniere de jouer le Quadrille, ne change rien à l'usage ordinaire de le jouer. Il faut le même nombre de cartes & de personnes pour le jouer.

Pour sçavoir la *couleur favorite*, il faut avant que de commencer la reprise, tirer au hasard dans un jeu, une carte qui la détermine; par exemple, si on a tiré un cœur, le cœur sera la couleur favorite qui regnera pendant toute la reprise, & ainsi des trois autres couleurs.

Le Médiateur est un Roi qui demande

à l'un des autres Joueurs, celui qui comptant faire avec ſon jeu cinq levées, ſe trouve en état de pouvoir jouer ſeul & faire ſix levées, lorſque l'un des autres Joueurs lui donne le Roi qu'il a demandé. Alors celui qui fait jouer, donne à celui de qui il reçoit le Roi, une de ſes cartes telle qu'il juge à propos, & une fiche, & ſi c'eſt dans la couleur favorite, deux fiches.

L'avantage de celui qui demande en appellant dans la couleur favorite, eſt d'avoir la préférence ſur un autre qui demande en appellant dans une des autres couleurs.

Celui qui demande avec le Médiateur, a la préférence ſur celui qui demande en appellant dans la couleur favorite; en ce cas il eſt obligé en jouant ſeul de faire ſix levées pour gagner.

Celui qui demande avec le Médiateur dans la couleur favorite, doit avoir la préférence ſur un autre qui demande avec le Médiateur dans une des autres couleurs que la Favorite, alors il eſt obligé de jouer ſeul, & par conſéquent de faire ſix levées pour gagner.

Celui qui joue ſans prendre dans une des autres couleurs que la Favorite, aura la préférence ſur celui qui auroit demandé ſimplement , ou avec le Médiateur, ou même qui voudroit jouer dans la couleur favorite avec le Médiateur.

Enfin le *Sans-prendre* dans la couleur favorite, a la préférence ſur tous les autres Jeux. Celui qui auroit demandé ſimplement ou avec le Médiateur, ou dans la couleur favorite avec le Médiateur, ou qui voudroit jouer ſans prendre dans une autre couleur, eſt obligé de ceder à celui qui joue ſans prendre dans la couleur favorite.

A l'égard de la maniere de jouer le Quadrille avec le Médiateur & la couleur favorite, elle eſt la même que celle du Quadrille ordinaire, tant pour celui qui demande en appellant un Roi, ſoit dans la couleur favorite, ſoit dans une autre couleur, que pour celui qui joue ſans prendre, ou dans la couleur favorite, ou dans une autre couleur. La ſeule différence eſt lorſqu'un des Joueurs demande le Médiateur ; alors il eſt obligé de jouer ſeul & de faire ſix levées comme s'il jouoit ſans prendre. Ceux qui ſont verſés dans la pratique du Jeu de Quadrille, connoiſſent aſſez la force de ce Jeu, pour juger s'ils peuvent jouer ſeuls avec le ſecours d'un Roi qu'ils demandent & qu'ils croyent propre à fortifier leur jeu.

Maniere de le jouer.

Celui qui a demandé un Médiateur étant en cheville, il faut jouer de la couleur de son Roi, *dit Médiateur*, parce qu'il est à présumer qu'il a plusieurs cartes de la couleur de son Roi, qui par ce moyen peut être coupé.

Il faut observer aussi de ne point jouer dans le Roi, quand l'Hombre est dernier en carte, parce que l'on feroit par-là l'avantage de son jeu, & que quand il arriveroit que l'on pût couper son Roi, il ne mettroit alors qu'une basse carte, & n'étant point coupé, cela lui feroit faire plusieurs levées de la couleur de son Roi.

Maniere de marquer le jeu & de le payer avec le Médiateur & la couleur favorite.

Le jeu se marque par celui qui mêle, en mettant deux fiches devant lui.

On paye à ceux qui ont gagné simplement dans une autre couleur que la Favorite, six jettons à chacun, & ils retirent chacun une des deux fiches qui marquoient le jeu. S'ils perdent par remiſe, ils donnent à chacun quatre jettons de Conſolation, ſi c'eſt par codille ils en donnent chacun ſix.

Ceux qui gagnent dans la couleur favorite, reçoivent douze jettons chacun, s'ils perdent par remiſe ils en donnent huit, & ſi c'eſt par codille, douze.

Celui qui a gagné, ayant joué avec le Médiateur, doit recevoir ſeize jettons de chacun, s'il perd par remiſe, il en doit donner quatorze à chacun, & par codille ſeize.

Celui qui a gagné en jouant dans la couleur favorite avec le Médiateur, doit recevoir de chacun trente-deux jettons; s'il perd par remiſe, il en doit donner à chacun vingt-huit, & par codille trente-deux.

Celui qui a gagné un Sans-prendre, dans une autre couleur que la Favorite, doit recevoir vingt-ſix jettons de chacun; s'il perd par remiſe, il en donnera vingt-quatre à chacun, & par codille vingt-ſix.

Celui qui gagne ſans prendre dans la couleur favorite, doit recevoir cinquante-deux jettons de chacun; s'il perd par remiſe, il en donne quarante-huit à chacun, & par codille cinquante-deux.

Maniere de payer les Voles.

Pour la vole dans le coup ſimple ; deux fiches : dans la couleur favorite , quatre fiches.

Pour la vole avec le Médiateur, trois fiches , & dans la couleur favorite avec le Médiateur , ſix fiches.

Pour la vole & ſans-prendre , à l'ordinaire , quatre fiches.

La vole & ſans-prendre en couleur favorite, huit fiches.

On paye pour chaque *Matador* deux jettons , & quatre dans la couleur favorite ; il y a des perſonnes qui ne comptent point les Matadors , & qui veulent que l'on donne une fiche pour les Matadors , tel nombre qu'on en puiſſe avoir , & deux fiches , quand on les a dans la couleur favorite.

Comme dans la précédente Edition on n'a point marqué ſi l'on pouvoit annoncer la vole avec le Médiateur , ce qui a donné lieu de faire obſerver qu'un des Joueurs demandant un Médiateur , il peut s'en trouver un autre qui le demande en annonçant la vole : il doit alors l'emporter ſur le premier qui a demandé le Médiateur , par une raiſon ſenſible , étant à présumer que celui qui annonce ainsi la vole, doit avoir de quoi faire neuf levées dans son jeu ou tout au moins huit, avec une Dame dont il demande le Roi ; & comme il risque de perdre la vole ayant demandé un Roi qui peut être coupé, par cette seule raison il doit l'emporter sur l'autre. De même celui qui peut entreprendre la vole avec le secours d'un Médiateur, doit aussi l'emporter sur celui qui a de quoi jouer sans prendre.

La Table suivante marque à combien se montent les Bêtes faites par remise.

PREMIERE TABLE.

Premiere. 28	2 84	3 112	4 140
5 168	6 196	7 224	8 252
9 280	10 308	11 336	12 364
13 392	14 420	15 448	16 476

Si le premier coup ſur lequel a été faite la premiere Bête étoit tiré par codille, voyez la Table ci-après.

SECONDE TABLE.

Premiere. 28	2 56	3 84	4 112
5 140	6 168	7 196	8 224
9 252	10 280	11 308	12 336
13 364	14 392	15 420	16 448

A l'égard des difficultés qui ſurviendront en jouant ce jeu, on ſuivra les loix du Quadrille ordinaire.

Maniere de jouer le Quadrille avec le Médiateur ſans la couleur favorite.

Alors on marque & l'on paye le jeu comme au Quadrille ordinaire, à la reſerve que l'on donne une fiche de plus à celui qui joue avec le Médiateur, & à celui qui joue ſans prendre, c'eſt-à-dire, qui gagne avec le Médiateur; il doit recevoir treize jettons de chacun; s'il perd par remiſe, il en donnera douze à chacun, & treize ſi c'eſt par codille.

Celui qui gagne ſans prendre, doit recevoir dix-ſept jettons de chacun; s'il perd par remiſe, il en doit donner à chacun ſeize, & par codille dix-ſept.

Pour la vole avec le Médiateur, elle ſe paye comme au Quadrille ordinaire, c'eſt-à-dire, que l'on ne donne qu'une fiche à celui qui la fait.

Les Bêtes ſe comptent auſſi comme au Quadrille ordinaire.

Et au dernier tour de la repriſe, appellé *Poulans*, on peut doubler le jeu.

LE QUADRILLE,

APPELLÉ *SOLITAIRE.*

CE jeu ſe joue dans pluſieurs Maiſons ; on l'appelle *le Solitaire*, parce que l'on eſt obligé de jouer ſeul ſans appeller.

S'il arrive que les quatre Joueurs n'ayent pas de quoi jouer ſans prendre, ou qu'ils n'ayent point aſſez beau jeu pour demander un Médiateur, on eſt obligé alors de paſſer, ne pouvant pas renvoyer à l'Eſpadille, comme au Quadrille ordinaire ; en obſervant de laiſſer les deux fiches de Poulan ſur le jeu, & de continuer d'en mettre le même nombre par celui qui mêle, juſqu'à ce que l'un des quatre Joueurs puiſſe faire jouer ſans prendre, ou avec un Médiateur &c.

A l'égard des Bêtes, elles augmentent de vingt-huit jettons de plus de tout ce qui ſe trouve ſur le jeu, & ſur les Poulans doubles, de cinquante-ſix jettons.

LE MEDIATEUR SOLITAIRE A TROIS.

CE jeu ne se joue à trois que faute d'un quatriéme, & n'en est pas moins amusant. On le joue de la maniere suivante.

1°. Il faut ôter dix cartes du jeu ordinaire, c'est-à-dire, neuf carreaux & le six de cœur, & laisser le Roi de carreau. Par ce moyen l'on peut jouer dans les quatre couleurs, quoiqu'il y en ait une presque supprimée; par exemple, un des Joueurs ayant les deux As noirs avec des Rois, pourra jouer en carreau; il aura par conséquent tous les Matadors qui lui seront payés comme au Médiateur à quatre.

De même celui qui a de quoi demander un Médiateur, peut demander le Roi de carreau, puisque l'on le laisse dans le jeu, afin de le rendre aussi divertissant que lorsqu'on le joue à quatre.

2°. Ce jeu se marque comme au Médiateur, c'est-à-dire, que celui qui fait met deux fiches devant lui, & l'on ne joue point en appellant ; l'on ne renvoye point aussi à Espadille. Si on n'a pas dans son jeu de quoi demander un Médiateur ou jouer sans prendre, il faut passer : alors celui qui mêle est obligé de mettre deux fiches devant lui, & l'on continuë ainsi jusqu'à ce qu'un de Joueurs fasse jouer ; c'est ce qui a fait appeller ce jeu *le Solitaire*, parce que l'on joue toujours seul.

30. A l'égard de la maniere de marquer les Bêtes, il faut suivre les Tables qui se trouvent ci-devant au Médiateur ordinaire à quatre ; la seule différence qu'il y a, c'est que la Bête faite par remise, doit augmenter d'autant de jettons qu'il se trouvera de passe sur le jeu, au lieu que celle qui est faite par codille, ne sera pas de plus de jettons qu'au Médiateur ordinaire à quatre.

Comme à ce jeu l'on joue un coup de moins à chaque tour, il est convenable de jouer douze tours au lieu de dix, pour que la reprise soit finie. Pour le reste, on suit à ce jeu les loix du Médiateur à quatre.

Autre maniere de jouer le Médiateur Solitaire à trois.

1°. L'on ôte du jeu ordinaire les 4. Trois qui n'y ſont pas d'un grand crédit ; ce qui le réduit au nombre de trente-ſix cartes au lieu de quarante.

2°. Celui qui mêle, donne à chacun des Joueurs douze cartes, trois à trois, ou quatre à quatre, à la volonté des Joueurs ; ce qui employe les trente-ſix cartes du jeu.

3°. Celui qui fait jouer en telle couleur que ce ſoit, eſt obligé pour gagner, de faire ſept levées à lui ſeul. L'on peut auſſi demander un Médiateur lorſque l'on a de quoi faire ſix levées dans ſon jeu, ſinon il faut paſſer, en ſuivant pour le reſte, les régles du Médiateur Solitaire à Trois, qui eſt ci-deſſus.

De l'Imprimerie de CL. FR. SIMON, fils, ruë de la Parcheminerie 1739.

www.ingramcontent.com/pod-product-compliance
Ingram Content Group UK Ltd.
Pitfield, Milton Keynes, MK11 3LW, UK
UKHW020343180726
13839UKWH00002B/879

9 782329 294339